NAVEGANTE

Colección de Poemas

ALONDRA FLORES TARANGO

Copyright © 2023 Alondra Flores Tarango.
Todos los derechos reservados.
ISBN-13
9798386961527

Ninguna parte de este libro puede reproducirse, almacenarse en un sistema de recuperación o transmitirse de ninguna forma o por ningún medio, ya sea electrónico, mecánico, fotocopiado, grabado o de otro modo, sin el permiso expreso por escrito del editor.

Diseño de portada por: Alondra Flores Tarango

Para todas aquellas personas cuyo miedo más grande
es dejar de hacer las cosas por eso, por miedo.

Les abrazo, siempre.

CONTENIDO

PRÓLOGO	1
STARTING POINT	4
THE JOURNEY	20
THE DESTINATION	56
AGRADECIMIENTOS	73
SOBRE LA AUTORA	75

PRÓLOGO

Cuando esta persona (yo), con palabras para cada situación, de pronto enfrentó emociones que no tenían una definición, la vida le habló en poesía. (Y bueno, desde entonces, mucho de lo que escribo viene en rimas.)

Y cuando **mis miedos** se volvieron más de lo que podía manejar, las metáforas me sirvieron para volver a respirar. (Ya lo advertí; en rimas.)

A ellos los entendí como el mar, con toda su furia y su inmensidad, pero también con tanta belleza y tanta vida. Mucho tiempo los quise enterrar, pues vaya que me dolían. Pero nadie quiere desaparecer el mar, por más misterioso e intimidante que parezca. Y aunque la humanidad lo ha intentado convertir en algo que se pueda controlar, este se ha mantenido libre y retador. Inclusive hay una canción que asegura ahí se vive mejor.

Así que, traduciendo mis miedos como un mar, no necesito que desaparezca, sino aprender a **navegar**. Necesito soltar mis ganas de controlar y simplemente surfear. Aprovecharlos todos, los tempestuosos y los que ofrecen los atardeceres más maravillosos.

Estos poemas me acercaron a eso a través de permitirme expresarlo todo; el miedo, el perfeccionismo, el cambio, las expectativas y la presión de los veintes. Y también los regalos más bonitos de la vida; la gente y los lugares que se vuelven hogar, el agradecimiento, el autoconocimiento, la autocompasión...

Y como navegar siempre implica un punto de partida, el trayecto y un destino final, así lo quiero presentar. Porque ahora que me defino como navegante, estoy aprendiendo a disfrutar cada etapa de la aventura que implica serlo.

Tal vez algún poema del trayecto a alguien más le parezca que pertenece al punto de partida, o algo del destino se entienda mejor en el trayecto. Y se vale, porque la perspectiva es lo que le da sentido a la vida y a la creatividad. Así que la invitación es esa, *navegar* por estos poemas según la ruta que más convenga. Según la dirección del viento y el ritmo de la marea en el momento en que esto se lea.

P.D. La inspiración tiene la costumbre de hablarme en inglés y en español, indistintamente, y yo la escribo como llega. Habrá un poema en el idioma original, y, en su mayoría, podrán encontrar a la izquierda su traducción. Mi consejo es leer según llegue al corazón.

STARTING POINT

/ Cada aventura tiene un punto de partida, y los poemas de esta sección hablan de aquello que parte de mí; de mi mente, mi cuerpo, mi ser.

El punto de partida es donde nacen las ideas y la intención, y es, también, un lugar de reconciliación con aquello en donde todo comenzó; CONMIGO. /

I.

If my body is a receiver,

Of my state of mind,

Before I ask my body to change,

I have to focus on my mind to heal.

I.

Mi cuerpo es un receptor

de mi estado mental,

Así que antes de pedirle a mi cuerpo que cambie,

tengo que enfocarme en mi mente, en que sane.

II. My Body Talking

I feel the numbness,
I feel the shake,
I feel the waving pains,
Never completely going away.

I feel how my body is yelling at me,
Screaming what I refuse to hear,
Showing up for it, for us.
Making sure I care enough to listen,
I care enough to heal.

But do I?
I want to believe so.
Sometimes, though,
it seems easier to numb,
To ignore.
It seems easier to hold it all in,
When all I need is the opposite.
All I need is to let it out.
To let it go.

II. Mi cuerpo habla

Siento el cosquilleo,

Y siento la tensión,

Siento el ir y venir del dolor

Que se aleja, pero nunca por completo.

Siento como mi cuerpo me grita,

Eso que me niego a escuchar.

Dando la cara por él, por nosotros.

Por todo lo que intento callar,

Y asegurándose que me atreva a dar,

el primer paso hacia sanar.

¿Me atreveré a caminar?

Quiero pensar que es así.

Aunque a veces,

Bloquear se ve como un atajo a tomar;

Ignorar.

Cuando lo que necesito, en realidad,

Es dejarlo salir.

Es dejarlo ir.

III.

Have you ever felt the growing need,
To change things.
The emerging yearning to do something;
Something about what you care about,
But end up doing nothing at all,
Leaving it in the idea stage
Or less than that, even,
Leaving it in oblivion.

I have, and that's why,
This is me telling you to go back.
To take that first step;
See where it lands;
See where it leaves you;
Where it aches.

Because there's where change hides,
There's growth.
There's life.

III.

Alguna vez has sentido la necesidad,

De hacer las cosas cambiar.

Esas ganas crecientes de hacer algo.

Algo sobre lo que te importa,

Pero no sales del - ¿Ya qué importa?

Se queda en ideas,

O aún peor,

Se queda en olvido total.

Y porque he estado en ese lugar,

Te pido que vuelvas y no lo dejes pasar;

Que des el primer paso,

Y veas hasta dónde puedes llegar.

A donde te lleva,

En dónde te quema.

Porque es ahí donde el cambio se esconde.

Donde algo crece.

Es ahí donde hay vida.

IV. Sobre escribir;

Alguien me dijo una vez,

Que hay sueños callados,

Que no hablan hasta que existen.

Y descubrí que yo estoy llena de ellos.

Qué dicha entonces,

Poderles dar, si no voz, palabras,

Mientras se hacen realidad.

IV. About Writing;

Somebody told me sometime,

That there are quiet dreams,

That don't talk until they come to live.

And I've realized I'm full of them.

What a joy, then,

To translate them in words,

While they get a voice of their own.

V. IT FEELS IT ALL

My body feels it all,

It manifests it all,

Because for so long it kept still and quiet,

And eventually got tired of silence.

So now my body hurts,

And dries,

It pinches and thunders.

Now it speaks, loud.

And although painful,

I love to listen at last.

V. TODO LO SIENTE

Mi cuerpo todo lo siente,

Lo siente y lo manifiesta.

Porque tanto se calló,

Que con el tiempo, el silencio le cansó.

Así que hoy duele,

Y seca,

Punza y resuena.

Hoy, mi cuerpo grita con toda su fuerza.

Y aunque doloroso, al final,

Que amor por fin escuchar.

VI. A certain type of me

I'm feeling mad.
I'm feeling sad.
I'm feeling down,
And disappointed.

One damn cookie and now I'm here.
Three damn cookies and now I'm here.
The whole damn cake and now,
I feel the absence of control.
I don't feel perfect anymore.
I'm both loss and disappointment.
Failure and inconsistency.

Is this really *me*,
Or my prohibitions?
Is this *me*,
Or my urge -my ego's, actually-
To be,
A certain type of *me*.

VI. Una construcción social de mí

Que agobio.
Que tristeza.
Que decepción,
Desolación.

Una galleta y aquí estamos.
Tres galletas y aquí estamos.
El pastel completo y ahora,
Se apodera la ausencia del control,
La sensación de imperfección.

Soy pérdida y decepción.
Soy error e inconsistencia.

¿En verdad esta soy yo?,
¿o son mis restricciones?,
¿Esta soy yo?,
Ó mi necesidad (la de mi ego, en realidad),
De ser
Una construcción social de mí.

XII.

My body doesn't need to lose weight.
It doesn't need tanning or toning,
Or shaving or clearing.

What my body truly needs,
Is a voice of its own,
In order for me to listen,
What it is it's asking for.

What it's asking for;
RES - PECT.
Self-respect. The one that lives in me.

Because what would my body say,
if it had a voice of its own?
Would it be respectful or resentful?
And why do I think that is?

Am I being respectful or resentful with it?
And why do I think that is?

XII.

No necesita, mi cuerpo, perder peso,
No necesita bronceado o tonificado,
Depilación o aclarado.

Lo que me pide,
Es su propia voz.
A ver si logro escuchar,
Lo que necesita de verdad.

Lo que necesita;
RESPETO.
Del propio, el que vive en mí.

¿Qué me diría él, si tuviese una voz?
¿Habría respeto o resentimiento?
¿Y por qué pienso que es así?

Y yo, hacia mi cuerpo,
¿Siento respeto o resentimiento?
¿Y por qué pienso que es así?

THE JOURNEY

/ Dicen que disfrutar del camino es lo importante;
el crecimiento, los retos y el aprendizaje.
Y que duele, vaya que lo hace. Pero lo vale.
El camino va de crecer, de soltar, de aprender, de fallar. De recibirlo todo. De navegar. /

VIII.

No soy el mar.

No soy el mar, sino el navegante.

Y necesitaba venir a sentir la arena,

A tocar las olas con la punta de los dedos.

A ver el mar en toda su inmensidad,

Y sus botes a lo lejos, que confían.

Lo necesitaba para entender,

Que confían porque la fuerza es del mar.

El control es del mar, nada más.

Y ellos no tienen más que navegar.

Que tomar el timón y andar,

Y tomar las olas como vengan.

Y ahora mismo yo soy mil sentidos,

Y me cosquillea el brazo y la pierna,

Mientras pienso en la falta de control,

Y mi cuerpo la experimenta.

Pienso en el mar y en mis miedos,
y me siento temblorosa y diminuta.

Así de impotente,
Incapaz de confiar,
De fluir,
De dejarme llevar.

Pienso en cómo, el sobre pensar,
Me roba del momento y se roba mi atención,
Y este momento la merece.
Toda mi confianza; en Dios y en el hoy.

IX.

Se trata de soltar,

De no buscar controlar.

Porque tal vez no es el miedo al avión,

Sino a la falta de control.

Tal vez no es el miedo al mar.

Sino a confiar en esa fuerza externa,

Ajena a mí y a mis manos.

Tal vez el miedo es,

a cederle el destino a algo más.

Cuando en realidad,

Se trata de soltar y de aprender a navegar.

IX.

It's all about letting go.
About lose that need of control.
Because maybe is not the airplane I'm fearful of,
But the lack of control.

Maybe is not the sea I'm fearful of.
But to place my faith into this external force,
So far away from my hands.
Too big for me to hold.

But at the end is all about letting go.
All about sailing and enjoy.

X.

What If I turn my fears into art.

What if, instead of letting them blow,
I channel them into creativity.
If every time that something
Feels turbulent for my soul,
What if I just thought of the sea.

And even in my fear,
I feel the beauty,
I enjoy the journey.

What if I breath the ride of navigating,
Until I arrive.

What if I turn my fears into art.

X.

¿Qué tal si convierto mis miedos en arte?

Y si en vez de contenerlos hasta que explotan y son caos,
Los transformo en creatividad.
Si cada que sintiese,
Algo turbio y sin control,
Qué tal si solo pensase en el mar.

E incluso atrapada en mis miedos,
Me permitiese sentir la belleza.
Disfrutar el caminar.

Qué tal si respiro la dicha de navegar,
Hasta llegar al final.

¿Qué tal si convierto mis miedos en arte?

XI.

The sea is chaos.
Is this uncontrollable force,
that has a life of its own.

How many times had my fears,
felt like that exactly?
All of them.

How many times have I wanted,
to control the uncontrollable?
All of them.

Today I don't want to play to be God no more.
I don't want to take control.

Today I just want to navigate.

XI.

El mar es caos.

Es esta fuerza incontrolable,

Con vida propia.

¿Cuántas veces se han sentido,

Exactamente así mis miedos?

Todas ellas.

¿Cuántas veces he querido,

Controlar lo incontrolable?

Todas ellas.

Hoy ya no quiero jugar a ser Dios.

Ya no quiero tener el control.

Hoy solo quiero navegar.

XII. Today (to read every day)

Today was wonderful,
Today I reconnected with myself,
With my art.

With my creativity, muse of my life.

Today was wonderful,
But tomorrow will be better.
Because now I'm fueled,
And also starving,
to make my dreams come true.

XII. Leer hoy (y todos los días)

Hoy fue maravilloso.

Hoy reconecté conmigo,

Y con mi arte.

Con mi creatividad, musa de vida.

Hoy fue maravilloso,

Pero mañana será mejor.

Porque ahora estoy satisfecha,

Y al mismo tiempo con hambre,

De en mi realidad,

A mis sueños encontrarme.

XIII.

Autoestima;

Estimarse a uno misma,
Mimarse,
Aceptarse.

Considerarse.

Tratarse con cariño,
Saberse importante,
Valiosa.

PO DE RO SA.

Qué lejos se siente a veces,
Y a veces,
Sientes que lo sientes,
Pero no esa presente, en realidad.

Y ¿cómo se trabaja?

¿Cómo se construye?

¿Cómo se constituye?

Si para creérmela,

necesito validación externa,

Y con externo

se pierde el *auto* en *autoestima*.

Que sin *auto* no hay control,

No hay nada.

Y ya en este punto,

Se apodera mi negativa y pierdo.

Se requiere hacer las cosas por ti,

Dicen.

Y de decirte tan fuerte y tantas veces,

Todo lo que eres.

Todo lo que vales.

Hasta que termines creyéndolo verdad,

En verdad. Porque eres y porque Vales.

XIV.

Pasa.

Me pasa que mi perfeccionismo me consume a veces,

La mayoría de las veces.

Me da vergüenza todo, todo el tiempo,

Porque no es lo mejor que puede ser,

Pero ¿qué lo es?

Casi nada, por no decir nada.

Porque todo es mejorable y todo cambia,

Y el cambio nunca es perfecto;

Es caos y desastre,

Y aun con eso,

Es increíble y única constante.

E irónico, como soy,

que quiero a todo y a todos así,

perfectos,

inclusive cuando mis cosas favoritas son lo menos;

La cama destendida;

Andar siempre descalza;

Mi cobija chica que ya es más trapo que cobija;

El café que todos los días me queda diferente,

Casi justo como me gusta,

Pero nunca como tal.

Y me encanta.

Me pasa que soy una perfeccionista

Que ama lo imperfecto,

Pero luego se siente mal por ello.

Y se vale.

Creo.

XV.

Qué estupidez la mía,

De creer en el amor romántico,

Cuando sé, con la razón,

Y con razón,

Que es, en gran parte,

Un cuento de hadas que se comparte.

Pero luego escucho una canción,

Que me llena el corazón,

Y creo.

Y quiero.

Qué estupidez.

XV.

What a stupid thing of me,
In romantic love to believe.
When I know, for sure
That is, big time,
A fairy tale shared by us all.

But then I listen to a song
That fills my heart.
And I believe.
And I love.

What a stupid thing of me.

XVI. CONNECTION

I flaw,

I ache,

I hurt,

I'm hurt,

I feel shame,

I feel anger,

I feel hopelessness.

But so do you.

So does everyone.

Because feeling is the human thing to do.

And recognizing that we all feel, that's humanity.

And what a beauty that is; Humanity.

> *–Self-reminder: I'm not alone,*
> *and this too shall pass.*

XVI. CONEXIÓN

Fallo,

Tengo miedo,

Hiero,

Soy herida.

Siento vergüenza,

Y también miedo.

Me siento vacía.

Lo siento yo y lo sientes tú.

Todos lo hacemos.

Porque sentir es de humanos,

Y reconocer que sentimos, eso es humanidad.

Y qué belleza,

Qué belleza la humanidad.

> *— Un recordatorio de mí, para mí: No estoy sola, y esto también pasará.*

XVII.

Que se vale decir -estoy en mis veintes-;
La quiero regar,
Quiero jugar y darme un respiro,
Quiero navegar.

No tengo puerto aún,
No hay un destino,
Pero me gusta el mar.

Me aterra su inmensidad,
Siempre lo ha hecho.
Pero elijo vivir descubriendo,
Al menos hoy.
E ir descubriéndome en el proceso.

Navegando el mar,
Y Navegando mis miedos;

Quizá este sea el camino.

XVII.

Fair enough to say -I'm in my twenties-
I wanna mess up,
I wanna play and give myself a break.
I want to navigate.

I have no shore, not yet.
There's no destination,
But so far, I'm enjoying the sea.

It terrifies me, its immensity,
It always has.
But I choose to live discovering,
At least for now.
And discover myself in the meanwhile.

Navigating the sea,
And navigating my fears.

Maybe this is the way. It should be.

XVIII.

A veces no estoy cansada,
Y aun así,
Solo quiero ponerme mi pijama,
Y existir.

A veces no estoy cansada,
Solo quiero respirar,
Y por un momento,
dejar de sentir.

A veces no es cansancio,
Sino esas ganas de incluir más
De lo que me grita que sí.
De lo que disfruto,
Y me acerca a mí.

XVIII.

Sometimes I'm not tired,
And yet,
All I wanna do is to put on my pajamas,
And exist.

Sometimes I'm not tired,
I just want to breath,
And only for a moment,
Cease to feel.

Sometimes it's not tiredness,
But a crave to do more,
Of what feeds my soul.
Of what I enjoy,
And gets me closer to me.

XIX.

Que delicia caminar mis mañanas;
Sin correr;
Sin presión;
Sin relojes ni pesadez.

Caminadas,
Con intención.
Flexibles e hidratadas.
Tenues de principio,
Y después a todo color.

Sin prisa y sin correr;
Caminadas.

XIX.

What a joy to walk my mornings;
Not a rush,
Not a single pressure,
Without clocks or heaviness.

Walked,
With intension,
Flexible and hydrated.
Soft at first,
And full of color right after.

Without hurry or any rushed.
Walked.

XX. Bailar para mí

Hay tantas versiones de mí;
Tantas identidades sobre lo que debería ser
en la cabeza de otros.

Y me encuentro,
dentro de mi travesía de encontrarme,
sosteniéndolas todas,
todo el tiempo.

Quiero sanar;
quiero crecer;
quiero bailar.
Pero mis manos están ocupadas.

Mis fuerzas están tomadas,
y francamente,
casi agotadas,
Por no soltar esa versión \ Responsable \ inteligente \
noble \ capaz \ humilde \ suave \ buena \ bien \ seria \
divertida \ cuidadosa \ familiar \

Todo eso que no estoy segura de ser,
o de querer ser.

Quiero soltarlas todas,
Para descubrir qué viene de mí.
Qué viene de mí y que se impone de afuera.

Quiero soltarlas todas,
bailar sobre ellas,
bailar con ellas,
para ellas.
Pero sobre todo bailar para mí.

Quiero soltar y bailar para mí.

XXI.

Pienso en la vida,

Y lo que ha sido hasta hoy.

Y en cuánto el estrés y las expectativas,

Me consumen con la misma pregunta;

¿Qué he hecho al día de hoy?

Hasta hoy mi vida,

Ha sido descubrirme;

Ha sido despertarme;

Ha sido perderme;

Y ha sido encontrarme;

Mi vida ha sido construirme.

Una construcción imperfecta y constante.

Y eso es suficiente. Soy suficiente.

XXI.

I think of my life

And what it's been so far.

I think of how expectations and stress,

Eat me up asking the same question;

¿What have I done so far?

Well, so far my life,

Has been exploration.

Has been awakening.

To get lost,

And get found.

My life has been building up.

A constant yet imperfect building back.

And that's enough. I'm enough.

XXII.

Sometimes I ask myself
"how's my heart?"
And the only clear,
and honest answer I have,
is that is BEATING.

My heart is beating,
And sometimes,
the only way I have,
to know that with certainty,
Is by placing my hand in my chest,
And feeling, in fact,
that it is.

It's beating,
It's here.

-I'm here-

XXII.

Algunas veces me pregunto,

¿Cómo está mi corazón?

Y la única respuesta,

Honesta y transparente que doy,

Es que está latiendo.

Mi corazón está latiendo,

Y algunas veces,

La única forma que tengo,

De comprobarlo por completo,

Es poniendo la mano en mi pecho,

Y sentir, en verdad,

Que lo está haciendo.

Está latiendo,

Está aquí.

Yo estoy aquí.

XXIII.

How gorgeous my hand looks,
When grabbing a pen that's moving so fast,
So fast to catch the speed of my thoughts.
And although impossible,
It's still trying;
Running;
Flying.

Solving and messing,
and changing,
and freeing so much space,
dropping so much weight.

How Gorgeous.

And how gorgeous also,
feels my head,
when every beautiful or chaotic,
Creative or literal thought,
Is drained through my hand.
And caught to make art.

XXIII.

Qué preciosa se ve mi mano,
Cuando sostiene una pluma que se mueve tan rápido,
Tan rápido para alcanzar la velocidad de mis pensamientos.
Y aunque imposible,
Aun así va intentado,
Corriendo,
Volando.

Resolviendo y revolviendo,
Cambiando,
Liberando tanto espacio.
Soltando tanto peso.

Qué hermoso.
Y qué hermoso también
Se siente en mi cabeza,
Cuando cada pensamiento bello y caótico,
Creativo o literal,
Se drena por mi mano
Y es convertido en arte.

XXIV. Manifiesto 08/08

Manifiesto amor y manifiesto autoestima,

Y manifiesto sueños cumplidos,

Confianza sobre el miedo,

Y salud para mí y para la gente que quiero.

Manifiesto amor propio y compasión,

Trabajo y amor.

Manifiesto a alguien…

Aprecio el estar sola,

Pero en veces necesito a alguien.

XXIV. Manifest 08/08

I decree love and self-esteem.

I decree dreams fulfilled.

Trust over fear

And for me and my loved ones, peace.

I decree self-compassion and self-love,

I decree work and I decree love.

And someone for me.

I value my time alone,

But sometimes I do need someone.

THE DESTINATION

/ Vale la pena el camino, pero que delicia llegar al destino, pues es por lo que emprendimos el viaje en primer lugar. Para llegar; a esos lugares de certeza, de paz.
Es donde armamos el recuento de lo vivido y el agradecimiento por lo recorrido. /

XXV.

Gracias a mí.

Porque soy curiosa, y porque busco sanar,
Mejorar.

Gracias porque soy amorosa,
A mi manera muy singular.

Y por mi fe,
Gracias infinitas por mi fe.

Gracias por mis dudas,
 y por mi -cada vez más grande-
compasión para abordarlas.

A Dios, gracias por el mar.
Y a mí, gracias porque me permito navegar.

XXV.

I'm grateful to me.

Because I'm curious and I seek healing.
Improving.

I'm grateful because I'm loving.
In my very own special way.

And for my faith.
Endlessly grateful for my faith.

Grateful for my questions,
And my ever grater,
Compassion to take them in.

To God, Thank you for the sea.
And to me, because I allow myself to feel.

XXVI. París

París, fuiste mi historia favorita.

De cómo una ciudad
A la que era indiferente,
Supo llegarme,
Coquetearme.
Filtrarse en lo más profundo de mí.

De cómo me enamoraste,
con tus balcones llenos de flores,
que seguro le encantarían a Catalina.

Tu arte por cada calle,
Tu diversidad, tu magia.
Tu Gran Arco que me hizo sentir tan pequeñita,
Y tan parte de algo a la vez.

Y el olor a humedad con café,
 y un toque de cigarro que antes odie,
Pero tú me obligaste a apreciar.

Fuiste noches eternas y días muy cortos,
4 meses que me dieron 7 vidas.
Gente que se convirtió en familia.

Fuiste ese lugar donde descubrí,
Que sí me gustan las fotografías,
Y que en mí,
Existe el coraje de hacer más,
De lo que me creo capaz.

Me enseñaste la diferencia,
Entre solitud y soledad,
Que aunque pueda leerla aquí y allá,
No la entendí en verdad,
Hasta que me permití dormir,
Viajar, ir al cine, salir a caminar,
Ir a comer a un lugar,
Sola, conmigo.

Nunca me sentí en mejor compañía.
Pues al final, tú siempre estabas ahí.
Éramos tú y yo. Éramos yo y París.

Domingos sin vacío, y panadería.
París, fuiste vida.

Un balde de agua fría,
Que me hizo despertar de una vida,
A una mejor vivida.
Más auténtica.
Más mía.

XXVII.

Miedo, eterno amigo;

No te extrañé,
Aunque confieso que desde que te fuiste
Seguiste presente mientras temía,
- Que ironía, -
Que regresaras.

Hola otra vez.
Te cuento que tengo una nueva teoría;
Y es que eres y siempre fuiste,
Parte de mi *yo* creativa,
De mi hiper sensibilidad,
Y que, como no estoy dispuesta a renunciarlas,
Hoy te recibo,
te acepto como parte de mí.

Ya no más como algo que arreglar.
Sino algo para sentir y soltar.

Hola. Bienvenido,
Aunque debo advertirte;
No esperes que te ceda el control,
Pues ahora,
Yo soy anfitriona y tu visitante.

XXVIII. Marruecos

Pienso en hogar y pienso en Marruecos.

Pienso en calidez y corazón.

En tradición.

Pienso en familia y pienso en devoción.

En hospitalidad y ruido,

Siempre acompañado de risas,

Y cuando lo recuerdo, de un suspiro.

En su comida y la gente preciosa que la facilitó.

En sus paisajes,

Y sobre todo en el mar de Tánger.

Y pienso en la gente.

En las personas que me hicieron sentir hogar.

Que me hicieron sentir familia.

Que si yo en un semestre
me enamoré de París,
Me hicieron falta dos días,
   para enamorarme de ahí.

Que los estereotipos culturales no valen,
Y que de lo que crees que sabes,
no sabes nada en realidad.
Que la oportunidad de descubrir,
el corazón de la gente de aquí,
Que te lo abre completo,
Es oro.
Es todo.

Pienso en hogar y en Tánger,
Y cada centímetro de mi cuerpo,
Y cada parte de mi espíritu,
Es gratitud.

Y que Dios es tan grande,
como el amor que expande por el mundo,
E irónico como es ese mundo tan pequeño,
Que vino a conectar dos extremos,
Y lo alineó todo para esta amistad,
Para esta conexión.

Porque hogar es donde está el corazón.

Y no me cabe duda que el de México está en Marruecos.

Y que México estará para Marruecos,

Siempre.

XXIX. 23

Los 23 fueron los no planeados,
Los improvisados.
Los que pintaban empezar muy tranquilos,
Y fueron, en realidad,
El universo diciéndome que ya habrá tiempo de calma,
Que aprovechara hoy y viviera lo inesperado,
Los sentimientos encontrados.

Las desmañanadas y esa rebanada extra de pastel.

Fueron los que iban a empezar yéndome a la cama temprano,
Pero que recibí, en su lugar,
Bailando y cantando.
Los que iban a aprovechar el silencio y el espacio,
Y llegaron llenos de la gente que amo,
Y muchos abrazos.

Se cambiaron los girasoles por canciones,
Las horas de sueño por estar V I V I E N D O.
Y que rico es eso,
Vivir.

Así que gracias a los 23;
Por mi gente;
Por mi vida;
Por el cariño de quienes me estiman;
Por la salud;
El espacio;
Y todo eso que me ha dolido y me ha construido.

GRACIAS.

XXX.

Eres. Sabes. Vales. Tienes. Puedes. Mereces.

Y eres;
> -Porque, aunque estas creciendo y cambiando,
> eso ya nada más está sumando. -

Y sabes;
> -Porque, aunque hay mucho que aprender,
> También hay tanto que ya conoces. -

Y vales;
> -Porque como tú, nadie,
> Y ya formas parte de ti misma y de tantos más. -

Y tienes;
> -Porque no te hace falta nada. -

Y puedes;
> -Porque eres la única validación que necesitas. -

Y mereces;
> -Porque eres y sabes y vales. Porque tienes y puedes. -

Eres. Sabes. Vales. Tienes. Puedes. Mereces.

AGRADECIMIENTOS

A Dios, porque por él soy. A mi mamá, por introducirme al mundo de las letras y de la poesía, y por su valentía. A mi papá, que me enseña todos los días a no rendirme, a seguir en la carrera. A mi Golden Team, que me permiten ser mi versión más auténtica, y que me inspiran a navegar mis miedos y el mundo junto con ellos. A Catalina, porque es mi ejemplo más grande de coraje y de fe. A mi mejor amigo por transformar mis miedos en risas, y a mi mejor amiga que, ni en mis *breakdowns* más grandes, nunca me soltó la mano.

Gracias a aquellas personas que, sin darse cuenta, sembraron una semillita de curiosidad y creatividad en mí. Y a quienes fueron claridad durante la tempestad.
A Rupi Kaur, que me probó que la poesía puede ser lo que tu quieras que sea, que puede ser salvavidas, que puede ser vida.
Y a mis lugares refugio, donde rescaté las ideas que resguarda este libro.

Gracias, gracias, gracias. Qué bonita palabra, y más bonito todo lo que esconde. **GRACIAS.**

SOBRE LA AUTORA

Alondra Flores Tarango.
Creativa.
Mexicana.
23 años.
Apasionada de la vida y de la gente.
Siempre curiosa y en busca de eso a lo que le llaman "propósito".

A través de las palabras traduce sus sentimientos, y encuentra dicha en compartirlos con la gente.

Contacto: alo_ft@outlook.com

Made in the USA
Columbia, SC
16 August 2023